全国中等职业技术学校饭店服务专业

# 饭店服务心理习题册

——与《饭店服务心理（第四版）》配套

中国劳动社会保障出版社

## 简介

本习题册与全国中等职业技术学校饭店服务专业教材《饭店服务心理（第四版）》配套使用。习题册按照教材章的顺序编写，包括名词解释、填空题、选择题、判断题、简答题、案例分析题、实践题等，题型丰富、难易适中，供学生课后练习使用。

本习题册由董韵捷主编。

**图书在版编目(CIP)数据**

饭店服务心理习题册/董韵捷主编. —北京：中国劳动社会保障出版社，2016
全国中等职业技术学校饭店服务专业
ISBN 978-7-5167-2689-1

Ⅰ.①饭…　Ⅱ.①董…　Ⅲ.①饭店-商业心理学-中等专业学校-习题集　Ⅳ.①F719.2-44

中国版本图书馆 CIP 数据核字(2016)第 178423 号

**中国劳动社会保障出版社出版发行**
（北京市惠新东街 1 号　邮政编码：100029）
*
河北宝昌佳彩印刷有限公司印刷装订　新华书店经销
787 毫米×1092 毫米　16 开本　2.25 印张　50 千字
2016 年 7 月第 1 版　2024 年 12 月第 9 次印刷
**定价：5.00 元**

营销中心电话：400-606-6496
出版社网址：http://www.class.com.cn
http://jg.class.com.cn

# 目　录

# 第一章　饭店服务心理概述

## 一、名词解释

1. 饭店服务心理学

2. 交叉性交往

## 二、填空题

1. 对员工的心理研究可以了解＿＿＿＿＿＿、＿＿＿＿＿＿的心理状态，通过各种方式激励员工工作的积极性和主动性，做好饭店人力资源的配置与优化。

2. 在饭店服务工作中，饭店员工与顾客的交往行为主要表现为平行性交往与＿＿＿＿＿＿＿两种。

3. 高尚的情感主要包括道德感、＿＿＿＿＿＿和美感。

4. 对于饭店服务人员来说，具有意志品质的自觉性就是要既能＿＿＿＿＿合理建议，又能信守原则，主动、独立地调节自己的行为，并具有强烈的饭店从业意识，能深刻理解饭店服务工作的社会价值，在饭店服务工作中以高度责任感确立行动目的，并选择科学的＿＿＿＿＿＿，自觉为顾客提供服务。

5. 大多数情况下，饭店所提供的服务与消费是＿＿＿＿＿＿、＿＿＿＿＿＿的。

6. 心理学是研究＿＿＿＿＿＿＿＿及其活动规律的科学。

7. ＿＿＿＿＿＿的态度能迅速拉近双方的距离，给他人以良好的印象和＿＿＿＿＿＿，同时带给自己愉悦的感觉。

8. 饭店服务是指饭店以饭店设备、设施等＿＿＿＿＿＿为基础或依托，通过饭店员工劳动而形成的＿＿＿＿＿＿所实现的服务，目的是使顾客的物质需要和精神需要在饭店得到满足。

9. 个人本身所具有的一些特点也是影响人际吸引的重要因素，包括个人的＿＿＿＿＿＿、人格特征和____________。

10. 成熟心理表现主要有 7 个特征：________________；具有对别人表示同情、亲密或爱的能力；有安全感，接纳自我；能够准确地、客观地知觉现实和接受现实；能够客观地看待自己；有多种技能，______________；具有统一的人生观，行为的动力来自长期的目标和计划。

11. 为了与顾客的交往顺利进行下去，为顾客提供满意的服务，饭店员工在服务工作中，无论遇到什么类型的顾客，都应该______________，以顾客期待的心理状态与其进行交往。

12. 保持平行性交往的原则要求饭店服务人员在日常工作中，需要细心观察顾客的________________，通过各种途径来分析判断顾客的______________和______________。

## 三、选择题

1. 提供服务者在不同的状况下也会使服务产生一定的变动，如厨师在做菜的过程中，心情的好与坏对菜肴的质量影响非常大，所以服务在很多情况下会变，以上描述体现饭店服务的（　　）。

A. 差异性　　B. 多变性　　C. 不可保存性　　D. 不可分割性

2. （　　）要求饭店服务人员在工作中应该扮演好自己所承担的服务者的角色，用行动去赢得顾客的尊重，而不是在应当为顾客提供服务时去和顾客强调“平等”。

A. 主动与顾客交往　　B. 建立正确的自我认知

C. 显示个人魅力　　D. 根据顾客的需要提供服务

3. 人与人生活空间的距离越小，越容易形成彼此之间的密切关系。这段话表述的是影响人际交往的因素中的（　　）因素。

A. 相似　　B. 互补　　C. 个体　　D. 邻近

4. 饭店服务人员在工作中要使自己处于一种轻松愉快、心平气和、乐观积极的情绪状态之中，说明饭店服务人员应该（　　）。

A. 有正确的情感倾向性　　B. 有深厚持久的高尚情感

C. 保持良好的情绪状态　　D. 保持坚强的意志

5. （　　）是指在执行决定的过程中，以坚持不懈的精神克服困难，具备不达目的誓不罢休的品质。

A. 坚持性　　B. 果断性　　C. 自觉性　　D. 自制性

6. 饭店服务人员在服务过程中，常常会遇到（　　）命令式行为，在这种状态下，顾客会表现出责骂、支配、专断的行为，通常服务人员会觉得自尊心受到伤害。

A. 冷静型　　B. 成熟型　　C. 儿童型　　D. 家长型

7. 顾客对饭店服务人员的第一印象十分重要，同时也决定了顾客与其交往的（　　）。

A. 宽度　　B. 广度　　C. 长度　　D. 深度

8. （　　）包括个人的容颜、穿着、仪态、风度等。

A. 仪表　　B. 仪容　　C. 美貌　　D. 外貌

9. 只有交往双方以诚相待，做到言而有信、诚实不欺，才能保持长久的交往，体现人际交往的（　　）原则。

A. 谦虚　　B. 平等　　C. 诚信　　D. 广泛

10.（　　）这一特点，常常容易使饭店中新来的员工产生自卑或逆反心理，需要进行心理引导。

A. 不对等性　　B. 短暂性　　C. 业务性　　D. 差异性

## 四、判断题

1. 饭店工作人员必须机智灵活，训练有素，善于接受顾客的意见和投诉，能灵活应付和妥善处理各种情况。（　　）

2. 自制力强的人仅在对待上司时善于克己忍耐，把握自己的分寸，不失礼于人。（　　）

3. 在与同事交往中严于律己、宽以待人，在工作中就更容易取得别人的支持与配合。（　　）

4. 意志过程由两个阶段构成，即采用决定阶段和管理决定阶段。（　　）

5. 优柔寡断的人常表现为患得患失、当断不断、缺乏主见、错过时机。（　　）

6. 服务技能表现在不仅要有娴熟的操作策略、超群的服务技艺，而且还要有丰富的专业知识和顾客信息。（　　）

7. 互补因素增进人际关系吸引往往发生在感情深厚的朋友，特别是异性朋友或恋人之间。（　　）

8. 不成熟心理表现主要体现在工作中"对上顶、对下压"，表现为对上司的工作安排不满，总是感到不公平，每天都在释放负能量，工作不积极。（　　）

9. 在人际交往中，往往会产生性质和程度各不相同的人际关系，但这与不同因素的作用和影响无关。（　　）

10. 虽然顾客的年龄、性别、职业、文化层次、个性特点和心理状态存在差异，但饭店员工与不同顾客交往的模式没有差异。（　　）

## 五、简答题

1. 饭店服务人员应具备的良好性格有哪些?

2. 优秀的饭店服务人员应具备哪些能力?

3. 饭店员工之间交往的形式有哪些？

## 六、案例分析题

李先生夫妇在网上团购了某星级饭店针对情人节推出的优惠蜜月套餐，包括入住豪华大床房一晚，两人免费享用自助晚餐和早餐，共988元。终于等到2月14日了，却不巧当天下起了雨。因不想浪费988元的套餐，李先生夫妇冒雨出门，到达酒店门口，行李员的贴心服务让他们感觉不错。但因当天酒店房源紧张，他们又没有提前确认房间预订信息，豪华大床房虽能入住，但却在楼层走廊的最尽头。这时李太太抱怨说："早知道是今天这种情况，肯定不会订购这种套餐，不过现在说什么都晚了。"到了中午，他们两人到酒店餐厅用餐，结账时才发现原来在这里用餐需要交纳15％的服务费，李太太觉得这样收费很不合理，为什么外面的餐馆都是按菜单上的价格收费，而星级酒店就要加收服务费？尽管这样，他们还是度过了一个愉快的晚上。第二天早晨，因自助早餐时间是7点到9点半，李先生夫妇想睡懒觉，就打电话到前台希望能够把今天的早餐改期，明天再过来吃，而前台是这样答复的……

1. 根据所学知识，写出前台的答复。

2. 通过分析本案例，归纳现代饭店服务的特征。

## 七、实践题

组成调查小组，对学校内或周围小餐饮店的学生消费群体进行调查，调查学生消费群体对小餐饮店环境、卫生、服务，以及菜肴品种、口味、价格等各方面的满意度，设计一份调查问卷。

# 第二章　前厅服务心理分析与待客策略

## 一、名词解释

1. 超前服务

2. 超常服务

## 二、填空题

1. __________是人们沟通信息、交流思想感情的媒介，____________的质量能令顾客满心欢喜，也可招致顾客厌恶甚至投诉。

2. _________是服务工作的“活广告”，也是饭店工作人员必须具备的职业情感和_____________。

3. 当顾客踏入饭店时，在前台寻求____________与____________的心理需求特别强烈和敏感。

4. 饭店之所以“尽我所能”地提供顾客住宿保障服务，正是因为顾客强烈的__________心理需求。一旦无法落实住宿问题，大多数顾客会被迫取消既定的行程。

5. 前厅员工的语言在内容上应__________、__________、充实，在语气上应热情、诚恳、有礼，在语音语调上应__________、__________。

6. 离店顾客一般有期待服务善解人意，__________________的心理需求。

7. ____________是顾客外出旅行中必须进行的活动，通过预订客房选择称心的房间，解除在外“无家可归”之忧，成为顾客的心理预期。

8. ____________不仅使顾客感到自己在饭店受到尊重，自尊心得到充分满足，而且有利于饭店____________________的实施，起到扩大客源市场空间、树立饭店形象的作用。

9. 在住店期间，顾客有希望前厅服务人员能主动、殷勤、微笑服务的心理期待，同时还希望饭店能根据顾客的档案，为其提供__________________和________________。

10. 顾客在选择理想的购物场所和观光去处时，围绕这些意向，又可能产生新的心理需求。服务人员应做到________________、________________，满足顾客不断变化的心理预期。

## 三、选择题

1. 所谓（　　）就是向顾客提供的每一项服务要在顾客要求之前进行。

A. 礼貌　　B. 热情　　C. 主动　　D. 殷勤

2. 对于前厅部门来说，以下选项中（　　）不属于来店时顾客的心理需求。

A. 寻求礼遇与尊重　　B. 寻求快速离店服务

C. 寻求真诚与友好　　D. 寻求好奇求知

3. （　　）就是热情而周到地关心顾客，嘘寒问暖，关怀备至，积极为顾客提供超常服务。

A. 礼貌　　B. 热情　　C. 主动　　D. 殷勤

4. 在前台办理入住登记或离店手续时，顾客对时间较为敏感，不希望在前台耽误较长的时间，这一特点体现了顾客（　　）的心理需求。

A. 寻求礼遇与尊重　　B. 寻求便捷服务

C. 寻求真诚与友好　　D. 寻求好奇求知

5. 用顾客熟悉、理解的语言准确描述客房的特色，注意描述生动、满足顾客核心利益、关注顾客需求兴趣、洞察顾客新的需求，如通过其他顾客对某客房的美好体验，激起或提升顾客需求兴趣。以上描述要求前厅服务人员讲究（　　）。

A. 语言艺术　　B. 衣着得体　　C. 浓妆艳抹　　D. 礼节礼貌

6. 以下选项中，（　　）不属于顾客感兴趣的饭店情况。

A. 饭店的等级与类型　　B. 饭店产品价格

C. 员工招聘的渠道　　D. 饭店所处的地理位置及交通情况

7. 前厅服务人员在服务工作中要有“五声”，“五声”不包括（　　）。

A. 问候声　　B. 欢迎声　　C. 道歉声　　D. 欢呼声

8. 前厅服务人员在服务工作中要杜绝“四语”，即蔑视语、烦躁语、（　　）和否定语。

A. 道歉语　　B. 斗气语　　C. 问候语　　D. 欢迎语

9. 结账时由于顾客希望能够迅速离店，因此，前厅服务人员应该按照饭店相关规定，催促客房部查房服务人员快速查房，提高结账退房效率，减少顾客（　　）。

A. 繁忙时间　　B. 闲暇时间　　C. 消费时间　　D. 等待时间

10. 总机话务员必须在铃响（　　）次之内接听电话，熟悉饭店主要管理者的声音，对常用电话号码的查询应对答如流，熟练操作转接、留言、叫醒、免干扰等系列化服务。

A. 1　　B. 2　　C. 3　　D. 4

## 四、判断题

1. 顾客一旦在预订过程中体验到美好的预期，便会更加信任饭店，并为饭店后续服务打下较好的基础。（　　）

2. 前厅服务人员销售客房技术高超，不仅能使顾客愿意接受预订或客房安排，提高客房出租率，实现客房销售“客我双赢”，而且使顾客由对服务的信任提升为对饭店的满意，并愿意接受前厅客房以外的其他服务产品，增加饭店综合收入。 （ ）

3. 服务人员只要熟练掌握结账的操作程序，就自然可以培养自己良好的服务意识，优化服务态度。 （ ）

4. 顾客离开饭店时，一般都有求方便快捷、求人性化、求尊重的服务心理。 （ ）

5. 通常来讲，顾客对真诚、友好的心理需求会体现在饭店服务消费的全过程中。 （ ）

6. 前厅服务人员对常客应真诚微笑、彬彬有礼、语言礼貌，既能够快捷规范，又善于随机应变，对新客则不需要这样。 （ ）

**五、简答题**

1. 饭店服务人员销售客房的策略包括哪些内容？

2. 客房预订服务包括哪些策略？

3. 饭店顾客离店时的服务策略包括哪些内容？

4. 饭店住店顾客的接待策略包括哪些内容？

## 六、案例分析题

2010年10月2日，一位美国顾客丹尼先生按约定时间抵达上海某五星级饭店，当时正逢入住登记高峰，前台站满了等候登记的顾客。前台服务人员小吴与小任在前台工作时间不长，也没有什么经验，面对眼前满满一排顾客，不知所措，他们弄不清楚顾客的先后顺序，不知道首先该为谁服务，前台前显得一片忙乱。丹尼先生见此情景，便在大厅休息处等候。

20分钟后，丹尼先生看到前台登记的顾客已经陆续办完手续离去，便起身来到柜台。小吴很有礼貌地向丹尼先生问好，询问他有没有预订。丹尼先生声称自己已有预订，并出示了饭店的预订确认书及定金收据。小吴一看，赶紧上网查询，才发现已经把丹尼先生预订的房间转给了另外一位顾客。小吴不知道怎么处理，和另一位服务员小任商量了半天，才告诉丹尼先生，由于饭店的超额预订以及丹尼先生上次的确认预订而没有来住店的行为，饭店刚才已经将为他保留的房间转给了一位没有预订的常客。丹尼先生一听没有了房间，非常生气，让服务员去请经理出来解决。

又过了10分钟，丹尼先生见到了饭店前厅部方经理，说明了事情经过，并给方经理看了饭店的预订确认书及定金收据，方经理向顾客表示歉意，但同时认为饭店也是出于无奈，因为国庆节期间顾客非常多，所以才将为他保留的房间让给一位常客，为了表达歉意，饭店愿意立即将定金如数退还，同时为他联系一间更豪华舒适的饭店。然后方经理指点顾客去大厅服务处，那儿可以为他联系出租车。疲惫而愤怒的丹尼先生经过约一个小时的周折，最后还是离开了这家豪华的五星级饭店，并发誓将来再也不预订这家饭店了。

1. 该五星级饭店前台接待人员与前厅部方经理在接待丹尼先生的过程中存在哪些问题？该如何处理？

2. 为什么丹尼先生最后疲惫而愤怒地离开了这家豪华的五星级饭店，并发誓将来再也不预订这家饭店？饭店没有满足丹尼先生的哪些心理需求？

## 七、实践题

模拟来店顾客的行李服务：

由一位学生扮演住店顾客，另一位学生扮演行李员，陪同住店顾客乘坐电梯进入客房，并主动为顾客介绍饭店的各项服务设施。在介绍过程中，行李员要注意观察顾客对自己介绍的内容是否感兴趣，根据顾客的态度不断调整自己介绍的内容，并做好以下记录：

1. 顾客对自己介绍的内容很感兴趣情况下的服务调整。

2. 顾客对自己介绍的内容不感兴趣情况下的服务调整。

3. 顾客深夜入住情况下的服务调整。

# 第三章　客房服务心理分析与待客策略

## 一、名词解释

1. 主动服务

2. 耐心服务

## 二、填空题

1. 如果顾客在房，服务人员应询问____________是否方便；若顾客表示不方便，应____________服务时间，避免打扰顾客。

2. 客房服务人员要从内心深处具备__________的服务意识，如面对顾客时，要使用_________，最好记住顾客的姓名，对顾客使用礼貌用语。

3. 客房安全是客房服务工作的一项十分重要的内容，客房安全工作的目标就是保证顾客在饭店住店期间的____________、____________不受到侵害。

4. 顾客即将入住客房，意味着他们由接受____________转向接受客房实物产品和____________________为主，这一阶段的顾客对____________、客房舒适、____________有美好的心理期待。

5. __________、__________是每一个出门在外的人都会有的心理活动。

6. 客房服务人员要了解不同顾客的生活喜好，掌握顾客的生活起居规律，了解顾客的___________，有的放矢地采用各种不同的服务方法，提高___________。

7. 如果掌握顾客的心理需求，围绕或超越顾客的期望，完成相应的客房服务，就会使顾客_________、_________。

8. 顾客_________入住，以半透薄窗帘装饰并调节房内光线，厚帘拉开，可以形成艺术造型装。

9. 饭店在布置客房设施时一般应遵循两个原则，即________和________。

10. 服务中应掌握顾客的______________和______________，提供客房清洁整理，保证客房的气味清新甜润。

**三、选择题**

1. 满足顾客求尊重的心理需求，首先要求服务人员尊重顾客的（　　）、工作、休闲习惯。

A. 心情　　B. 收入　　C. 生活　　D. 性别

2. 客房服务人员的主要工作职责之一就是整理客房，做好清洁卫生工作，做到客房内外清洁整齐，使顾客产生信赖感、舒服感、（　　），能够放心使用。

A. 兴奋感　　B. 安全感　　C. 快乐感　　D. 舒适感

3. 顾客入住后，都希望生活上十分（　　），要求饭店设备齐全、服务项目完善，任何需要都能通过饭店的服务得到及时解决，并且住店能够像在家一样方便与温馨。

A. 方便　　B. 快速　　C. 高效　　D. 舒适

4. 客房服务人员在楼层遇到顾客时，要主动（　　），并让顾客先行。

A. 超前　　B. 避开　　C. 打招呼　　D. 转身走

5. 虽然客房服务人员查房时间紧张，但一定要认真对待，发现顾客的遗留物品更加要及时通知与归还，这也是体现对顾客的（　　）。

A. 细心　　B. 尊重　　C. 体贴　　D. 关爱

6. 顾客旅行在外，人地两生，问询、借物、委托代办、房内会晤、房内商务活动等成为顾客（　　）的需求，住店顾客对服务有善解人意、温馨贴心的心理预期。

A. 经常性　　B. 一次性　　C. 终身性　　D. 短暂性

7. 一些饭店为了使顾客有"宾至如归"的感受，让他们感受到没有什么办不到的事情，还提供了专门为顾客解决困难的（　　）服务，其目的就是让顾客对饭店产生依赖感，并逐渐建立起对饭店的忠诚感。

A. 常规　　B. 会员　　C. VIP　　D. 金钥匙

8. 以下选项中，不属于服务人员在客房环境布置上应达到的要求的是（　　）。

A. 视觉上赏心悦目　　B. 触摸处放心称心

C. 所有地方完美、无瑕疵　　D. 嗅觉上清新甜润

9. 服务人员在服务过程中也不能产生噪声，要做到"三轻"，以下选项中，（　　）不属于"三轻"内容要求。

A. 进食轻　　B. 说话轻　　C. 操作轻　　D. 走路轻

10. 如果客房残留退房顾客使用过的香水、香烟、特殊食品的味道，应适当延长（　　）时间，直到客房空气清爽为止。

A. 通风　　B. 清洁　　C. 关闭　　D. 维修

**四、判断题**

1. 在激烈的市场竞争中，饭店要想留住顾客，要使顾客体验到"宾至如归"的感受，就应该努力满足顾客各方面的心理需求。（　　）

2. 如果客房内出现令人不适应、不舒服的味道，顾客会表现出不开心、不满意的

态度。（ ）

3. 一般情况下，清理客房要在顾客不在时进行，如果顾客有特殊要求，也不可以满足与理会。（ ）

4. 客房清洁整理时，仅需严格按照通风换气的服务规程操作就可以避免客房出现异味。（ ）

5. 顾客刚刚进入客房，稍有生疏或冷清之感，服务人员应能够及时提供礼貌茶服务，真心诚意地嘘寒问暖，满足顾客求尊重、求亲情、求友情的心理预期。（ ）

6. 饭店客房安全管理工作应该贯串于客房接待服务过程的始终。（ ）

7. 为了满足顾客对饭店客房服务设施的心理需求，饭店应该不断提高档次水平和资金条件，为顾客提供良好的服务设施。（ ）

8. 有的服务人员见到一些有生理缺陷的顾客，往往喜欢评头论足，这是非常错误的做法，关乎一个人的道德品质。（ ）

9. 保持客房的安静可以从防止噪声和消除噪声两方面入手。必须做到硬件本身不产生噪声，饭店选择设备的一个标准就是它产生的噪声要小，房门与墙壁要保证隔声性，能阻隔噪声的传入。（ ）

10. 虽然顾客使用房内迷你酒吧、冰箱内饮品的情况不同，但在补充客用品和商品时不能按照顾客喜好增减，而应按饭店规定统一配备。（ ）

## 五、简答题

1. 顾客离店时的待客策略包括哪些内容?

2. 客房跟进服务的待客策略包括哪些内容?

3. 饭店服务人员如何做好查房服务？

4. 饭店顾客住店期间的服务心理需求有哪些？

## 六、案例分析题

夏天天气非常炎热，某星级饭店旁边正好有一个农贸市场，经常有顾客去农贸市场买西瓜回房间享用，西瓜皮、西瓜汁极易弄脏地毯和棉织品，形成难以清除的污渍。这一天，509客房的吴先生拎着西瓜进了房间，正在五楼打扫卫生的客房服务员小王看到了，马上对吴先生说道："吴先生，对不起，您不能在房间内吃西瓜，会弄脏地毯的，请您去餐厅吃吧！"吴先生很不高兴地答道："你怎么知道我会弄脏地毯，我就喜欢在房间里吃。"小王再次向吴先生解释："实在对不起，您不能在房间里吃西瓜。"吴先生生气地说："我付了房费，房间就是我的，我想在房间里吃，还要你管吗？要是不让我吃，大不了我不住就是了，饭店多的是，我马上就退房。"说罢愤然而去。

非常巧合的是，这天该饭店806客房的朱小姐和她的同伴也捧着西瓜来到了八楼，进入客房时遇到了负责八楼清洁整理的客房服务员小刘。小刘看到了，微笑着对朱小姐说："朱小姐，您好，在房间里吃西瓜容易弄脏您的居住环境，我们让餐厅为您切好西瓜，请您在餐桌旁吃，好吗？"朱小姐回答道："餐厅太麻烦了。我不会弄脏房间的。"小刘又建议道："不如我们把西瓜切好，送到您房间？省得您自己动手，您看好吗？"朱小姐微笑着点点头，说道："好的，那就谢谢你了。"

1. 案例中客房服务员小王与小刘在劝说顾客不要在客房吃西瓜时，都很礼貌，都注意使用礼貌用语“您”，并以顾客的姓来称呼，意图也基本一致，并且都提出了解决方法，可为什么实际效果却有天壤之别？请分析原因。

2. 请分析案例中两位顾客的心理需求，如果你是一名客房服务员，在这种情况下，你会采用怎样的处理方法？

## 七、实践题

1. 组织学生分成若干小组到饭店考察客房部清洁整理业务的全部过程，并在实训室进行实地练习。

2. 分小组参照下表中的服务情景示例，设计新入住顾客刚刚进入楼层和房间（或顾客住店阶段、离店阶段）可能出现的客房服务情境，并进行角色扮演。一名学生扮演服务人员，其他学生扮演客人，体会当时的心理感受，并运用待客技巧，完成服务任务。把顾客的需求心理与待客技巧分析填入下表中，做好互评。

**顾客的需求心理与待客技巧分析评价表**

| 服务情境描述 | 顾客的需求心理与待客技巧分析 | 组间评价 | 教师评价 |
| --- | --- | --- | --- |
| 顾客王先生办理入住手续后，习惯于独自持房卡进房。当他来到所入住的18楼时，遇到正在清洁走廊的客房服务员，服务员立即停止手中的工作。<br>服务员热情地问候：“先生您好，需要帮忙吗?”<br>顾客：“1820房间是这个方向吧?”<br>服务员：“对，我陪您去房间吧。”<br>顾客：“好吧，刚刚没有让大堂的服务员做客房引领。”（看到非常随和的服务员，顾客微笑地回应）<br>服务员：“这边请，我正在想为什么没有安排礼宾人员陪同贵宾。”<br>顾客：“自己到客房更自由些。”<br>服务员与顾客边走边轻松交谈。 | 客人心理分析：<br>待客技巧分析： | | |

续表

| 努力方向： | 教师建议： |
| --- | --- |

# 第四章　餐厅服务心理分析与待客策略

## 一、名词解释

1.“三轻”

2.“四勤”

## 二、填空题

1. 开宴前的检查包括____________、卫生的检查、__________、设备的检查等，最大限度降低顾客担心心理，力求宴会顺利开展，万无一失。

2. 由于大部分顾客到餐厅用餐，对餐厅能够提供的菜品了解不多，点菜过程特别期待尽快了解菜品品质、特色，选择到可口的菜品，体现了顾客求______________、求____________的心理预期。

3. 宴会既是人们在饭店有目的、有组织的____________，又是一种高品位的________________。

4. 宴会结束后，服务人员应主动征求顾客对____________和__________的意见，有礼貌地与顾客道别。

5. 宴会顾客用餐期间，不但会希望品尝菜肴的味道，还会有欣赏菜肴艺术，追求菜肴色、香、______、______搭配相宜的心理需求。

6. 顾客就餐过程中，对服务人员提供的上菜分菜、_____________、席面整理等服务，有“求卫生、_____________、求主动、求快捷、求尊重”的心理预期。

7. 宴会环境布置因素包括灯光设计与布置、_____________、背景音乐的选择、墙壁和立柱的美化、舞台的布置、_____________是否合理等。

8. 宴会服务具有一次性特点，一旦出现失误难以弥补，为了让服务人员充满信心，满怀愉悦的心情，能够娴熟优雅、有条不紊地完成宴会服务，大型宴会对客服务应事先

________与________。

9. 不管顾客在餐厅消费多少，他们都希望服务人员在送客过程中做到礼貌、________、细致、________，让顾客留下最后的美好印象。

10. 顾客在用餐期间，对高效优质服务会产生强烈的需求，希望餐厅能够提供与餐厅____________和__________相符的优质服务。

## 三、选择题

1. 环境卫生直接影响到顾客的视觉，宴会厅应保持地面无污渍、无杂物，门窗、墙壁、服务台、餐具干净，物品摆放有序，空气清新，（　　）等。

A. 无油渍　　B. 无毛发　　C. 无异味　　D. 无水渍

2.（　　）要求从主宾位开始顺时针依次斟倒，如顾客提出不要，应将空杯撤走。

A. 斟酒服务　　B. 迎宾入席　　C. 分菜服务　　D. 席间巡查服务

3. 饭店服务人员应熟悉宴会（　　），做好菜肴服务并回答顾客的各种疑问，根据菜单要求准备好各类服务用具、酒水、小毛巾等，为接下来的宴会服务工作做好充分的准备。

A. 规格　　B. 菜单　　C. 环境　　D. 价格

4. 名贵酒品在取到后应礼貌递送给顾客确认后再（　　），然后提供品酒服务和斟酒服务。

A. 续酒　　B. 讲解　　C. 斟酒　　D. 开瓶

5. 为了表现强烈的气氛，餐厅可以多使用（　　）、金黄色等暖色系，给人宽敞明亮的感觉。

A. 粉色　　B. 深红色　　C. 绿色　　D. 黑色

6. 宴会厅布置好后，进出口指示图要醒目；桌次之间间隔距离要适当，通道安排要合理，座次安排要合理方便，易于（　　）。

A. 清洁　　B. 出入　　C. 识别　　D. 记忆

7. 菜单的（　　）应与餐饮内容、餐厅的类型与面积、餐桌的大小和座位空间等相协调，使顾客手感舒适，阅读方便，并且吸引顾客的眼球。

A. 价格　　B. 规格　　C. 大小　　D. 颜色

8. 收尾工作结束后，服务人员要关好门窗、灯、空调等设备，（　　）要检查。

A. 总经理　　B. 客人　　C. 经理　　D. 领班

9. 服务人员在耐心介绍、合理建议时，应引导顾客先点冷菜、后点（　　）。

A. 沙拉　　B. 甜品　　C. 酒水　　D. 热菜

10. 宴会准备阶段时，顾客已经对餐厅的档次、规模等有了深入的了解，他们要求宴会的（　　）与用餐环境能够主题突出、安全舒适、美观和谐。

A. 设计　　B. 档次　　C. 规模　　D. 外观

## 四、判断题

1. 冷菜食用到 2/3 量时，上第一道热菜，并于 20 分钟内上齐菜品。　（　　）

2. 一旦顾客起身准备离店，服务人员应主动拉椅，提醒顾客带好随身物品，诚恳欢迎顾客再次光临。　（　　）

3. 顾客到达餐厅后，才会产生餐厅应当提供的配套服务心理需求。（　）

4. 保持席面美感，可以美化顾客就餐环境，令顾客保持良好的食欲，又令顾客就餐或宴请体面，因此服务人只需控制上菜节奏就可以了。（　）

5. 宴会具有就宴顾客众多、同一时段集中就宴、影响力较小的特点，以至于宴会服务成为饭店塑造和维护品牌的契机，成为顾客实现宴会主题目的和寻求更好的人际交往愿望的契机，深受顾客和饭店的重视。（　）

6. 优质的点菜服务是服务人员做好营销推广、提高餐厅效益的关键点，热情、周到的点菜服务能使顾客感受愉悦，提高对餐厅的满意度。（　）

7. 顾客用餐完毕离开餐厅阶段，有结账准确快捷、离店热情相送的心理预期。（　）

8. 求安全的用餐心理需求适合于任何用餐顾客群体，不会因为用餐顾客年龄、性别、身份、民族等差异的存在而改变。（　）

9. 宴会的整体设计要有一个明确的主题思想，或高贵、或典雅、或古典、或庄重、或现代。（　）

10. 顾客杯中余 1/3 酒量时，服务人员应立即为其续酒。（　）

## 五、简答题

1. 零点顾客用餐阶段的待客策略包括哪些内容？

2. 宴会准备阶段的待客策略包括哪些内容？

3. 宴会进行阶段顾客的心理需求有哪些？

4. 宴会结束阶段的待客策略包括哪些内容？

## 六、案例分析题

一位外国顾客住进了上海某五星级饭店。第二天中午，顾客到饭店西餐厅用餐，接待他的是一位才到西餐厅实习不久的饭店管理专业学生小李。小李一边问候顾客一边心中暗暗着急，因为西餐厅要求服务员尽量称呼顾客的姓名。可是这位顾客好像是第一次来西餐厅用餐，小李怎么也想不起这位顾客的名字。

小李一边为顾客点菜，一边仔细观察，忽然看到顾客放在桌边的房间钥匙牌，想出了办法。当她去帮顾客取冰块时，利用这个空隙向前台查询了顾客姓名，等回到桌前为顾客服务时，就亲切地称呼顾客名字了。外国顾客十分惊讶，因为他是第一次住进这家饭店，也是第一次到西餐厅用餐。

当这位顾客听了小李的解释后，知道了她的用心，心里非常高兴，备感亲切和温馨，以后每次来餐厅用餐，总要和小李随便聊聊，有时不用餐，也会到餐厅点上一杯咖啡，消磨一段休闲时光。

1. 这位外国顾客为什么会特别高兴？实习生小李满足了顾客哪方面的心理需求？

2. 如果你是接待这位外国顾客的服务员，你还可以通过哪些方式知道顾客的姓名？

## 七、实践题

1. 将学生分成若干小组，进行角色扮演，一名学生扮演服务人员，其他学生扮演顾客，体会当时的心理感受，并运用待客技巧，做好宴会服务。把顾客的需求心理与待客技巧分析填入表中，做好互评。

**顾客的需求心理与待客技巧分析评价表**

| 服务情境描述 | 顾客的需求心理与待客技巧分析 | 组间评价 | 教师评价 |
|---|---|---|---|
| 服务人员每一次到顾客身边服务，都要以“您好”“打扰了”等用语轻声提示<br>提供服务过程中，若顾客配合，立即诚恳地以“谢谢”回应 | 顾客心理分析：________<br>待客技巧分析：________ | | |
| 服务人员报菜名时，向善意提示的顾客微笑表达谢意，并在后续的斟酒、分菜、撤换餐盘等服务中，做到便客、娴熟、沉稳、优雅，令顾客放心称心 | 顾客心理分析：________<br>待客技巧分析：________ | | |
| 服务人员托盘操作时，绕餐台尽量顺时针行走，避免托盘妨碍顾客；使用托盘上菜、斟酒、撤盘时，托盘置于餐椅背后，避免托盘压在顾客头、肩部 | 顾客心理分析：________<br>待客技巧分析：________ | | |
| 努力方向： | | 教师建议： | |

2. 由几位学生扮演到餐厅用餐的顾客，一位学生扮演餐厅服务员，为顾客介绍菜肴的相关知识，满足顾客求知的心理需求。记录训练过程中遇到的困难及收获。

困难：________________________________________________________________

________________________________________________________________

解决方法：____________________________________________________________

________________________________________________________________

收获：________________________________________________________________

________________________________________________________________

# 第五章　饭店顾客投诉

## 一、名词解释

1. 控告型投诉

2. 饭店投诉

## 二、填空题

1. 服务质量与＿＿＿＿＿＿的优劣，常与顾客的心理感受有直接关系，而饭店顾客的兴趣、爱好、需求、风俗习惯，以及消费水平、＿＿＿＿＿＿也不完全一样，这也决定顾客的投诉是难免的。

2. 对于顾客的投诉，一般情况下，饭店可以按以下的步骤进行处理：耐心倾听，弄清真相；表达歉意，平息不满；＿＿＿＿＿＿＿，＿＿＿＿＿＿＿；跟踪反馈，做好记录。

3. 从顾客的投诉中，我们可以了解到目前饭店产品中存在的＿＿＿＿，发现服务工作中的＿＿＿＿、漏洞和不足，以及饭店基层管理中存在的实际问题。

4. 饭店管理者及服务人员应该正确认识＿＿＿＿，不要害怕顾客投诉，应该认识到顾客投诉对＿＿＿＿＿＿＿的积极意义，对顾客投诉持欢迎态度，把握投诉所隐含的对饭店有利的因素，变被动为主动，化消极为积极。

5. 一般情况下，顾客在心情不好时会向饭店提出投诉，而＿＿＿＿＿却恰恰相反，它是在顾客心情愉悦时，伴随着对饭店的赞誉而提出的一些＿＿＿＿＿的意见。

6. 积极接受顾客的投诉，显示出饭店对顾客的尊重和对投诉的＿＿＿＿，使顾客在情感上得到满足，并因此加强顾客同饭店之间的＿＿＿＿＿＿＿＿。

7. 在饭店服务过程中，服务人员也会遇到这样的顾客，他们投诉的内容是谈看法，提建议，其目的就是表现自己＿＿＿＿＿，有丰富的饭店消费经验，其实这是顾客的一种____________的心理。

8. __________向饭店投诉的顾客，不管其投诉的原因、动机如何，都给饭店提供了及时做出补救、保全声誉的机会和做周全应对的准备余地。

9. 在饭店的经营活动中，顾客是饭店服务的__________。

10. 服务人员需善用投诉处理策略来妥善处理投诉，包括善倾听、____________、热心肠和________________。

## 三、选择题

1. 一位正在用餐的顾客发现一条鱼不够新鲜而大发雷霆，餐厅经理出面反复道歉，仍然无效。这种投诉属于（　　）。

A. 控告型投诉　　B. 批评型投诉　　C. 建设型投诉　　D. 积极型投诉

2. 不尊重顾客是引起顾客投诉的重要原因，受尊重是每个人的（　　）。

A. 固有需要　　B. 核心需要　　C. 高级需要　　D. 基本需要

3. 根据饭店顾客投诉时的情绪状态分类，投诉可分为理智型投诉、冲动型投诉和（　　）。

A. 失望型投诉　　B. 积极型投诉　　C. 消极型投诉　　D. 低落型投诉

4. 顾客虽然心怀不满，但是情绪相对平静，投诉时只是把自己心中的不满告诉饭店服务人员，不一定要对方做出什么承诺，也没有提出什么要求。这种投诉属于（　　）。

A. 控告型投诉　　B. 批评型投诉　　C. 建设型投诉　　D. 积极型投诉

5. 对顾客的询问不理不睬，或一问三不知，有时语言不文明，不注意礼节礼貌，不尊重顾客的风俗习惯等，属于（　　）。

A. 举止不文明　　B. 工作不负责　　C. 不尊重顾客　　D. 不一视同仁

6. 客户在投诉时很难控制个人的情绪，容易冲动，一有不满，就会大声咆哮，言谈不加修饰，一吐为快，说话不留余地。这种投诉属于（　　）。

A. 理智型投诉　　B. 冲动型投诉　　C. 失望型投诉　　D. 消极型投诉

7. 顾客在饭店消费过程中，因为某些原因没有获得心理满足，并因此向饭店服务人员或有关部门投诉，希望饭店能够弥补他们的损失。以上情况属于客人求（　　）的心理需求。

A. 尊重　　B. 宣泄　　C. 补偿　　D. 平衡

8. 顾客在饭店消费过程中，如果碰到使他们不顺心的事情，或被饭店服务人员讽刺挖苦，心中充满怨气、怒火，他们就会希望相关的人员受到责罚，因此他们会利用投诉来寻求发泄，以维持心理平衡。以上情况属于客人求（　　）的心理需求。

A. 尊重　　B. 宣泄　　C. 补偿　　D. 平衡

9. 顾客打开电视机却不能正常收看，卫生间抽水马桶坏了，不能正常使用，或者空调不制冷，顾客在房间里感觉非常闷热等，属于因（　　）而引起的投诉。

A. 设备损坏　　B. 基础设备不完善

C. 收费不合理　　D. 地理位置不好

10. 客房不能提供网络连接，卫生间没有电源插座，或者饭店不能提供洗衣服务等，让顾客觉得非常不方便，从而引起顾客心理上的巨大不快，属于因（　　）而引起的投诉。

A. 设备损坏　　B. 基础设备不完善

C. 收费不合理　　　　　　　　　　　　D. 地理位置不好

**四、判断题**

1. 与顾客以往的消费经验相比，当他觉得饭店提供的产品或服务价格超出自己的预期时，就会对价格的不合理进行投诉。（　　）

2. 饭店服务人员在处理投诉时，要坚持以饭店利益为主的原则。（　　）

3. 饭店服务人员需要不断提高职业素养，树立全心全意为顾客服务的思想，树立“顾客就是上帝”“顾客永远正确”的思想观念。（　　）

4. 通过投诉，饭店管理者可以了解顾客对饭店产品与服务的心理需求，并根据饭店实际情况，改善饭店的产品与服务，提高服务质量，满足顾客的心理需求，防止投诉再次发生。（　　）

5. 饭店服务人员对工作不负责任的表现，顾客看在眼里，会觉得饭店的管理与服务质量得不到保障，自己的权益也必定会受到损害，但不会向饭店投诉。（　　）

6. 饭店的各项服务设施设备应该是完好的，可供顾客随时使用。（　　）

7. 真诚的服务态度是取得顾客谅解的第一步。（　　）

8. 由于饭店是旅游业的一个重要支柱，因此饭店投诉也是旅游投诉的一种。（　　）

9. 投诉处理是否得当，是否让顾客满意，关系到顾客对饭店的总体印象。饭店无法留住顾客时，可开发新顾客，因此，是否恰当地处理顾客的投诉不重要。（　　）

10. 顾客向饭店投诉，实际上是提供了一个饭店与顾客情感交流的机会，通过对投诉的处理，顾客对饭店有更多的了解，饭店对顾客的喜好、性格等也会有更多的了解。（　　）

**五、简答题**

1. 简述饭店投诉的意义。

2. 饭店投诉的主观原因有哪些？

3. 根据饭店顾客投诉对象分类，饭店投诉的类型有哪些？

4. 简述处理饭店投诉的原则。

**六、案例分析题**

小胡是某五星级饭店中餐厅的一名引位员，一天，饭店的一位常住顾客，也是小胡非常熟悉的806房间的方先生，和往常一样一个人来到中餐厅用餐，离开时，方先生挺随意地笑着对小胡说："小胡，今天的菜真不错，味道挺好的，就是现在天热了，餐厅温度高了些，我得赶紧回客房凉快一下。"说完，方先生就离开了。

第二天，当方先生又一次来到中餐厅时，小胡走上前说："方先生，我已经把您对餐厅温度的意见转达给经理了，我们经理马上通知工程部，他们及时处理过了，您觉得今天的温度怎么样？"尽管方先生只是说了一句"谢谢，很好"，但小胡明显感觉到方先生心里是非常高兴的。

1. 方先生挺随意的一句话，你认为这是对酒店餐厅的投诉吗？为什么？

2. 小胡作为中餐厅的一名引位员，你认为她在服务过程中值得学习的地方有哪些？

## 七、实践题

教师把全班学生分成10个小组，每组3～5人，要求每组准备一份顾客投诉的案例。在课堂上随机抽签，把10个小组配成5对，模拟投诉处理过程。各小组应按抽到的案例进行准备，小组内讨论并演示，最后师生共同分析投诉处理的结果。

# 第六章　饭店服务人员心理建设

## 一、名词解释

1. 坚持

2. 挫折

## 二、填空题

1. 适宜的温度、清新的空气、充足的光线、舒适干净的工作服、干净整洁的办公桌等都会让人产生良好的__________。

2. 愤怒情绪的应对方法包括宣泄法、__________和角色互换。

3. 导致压力感的组织因素，如工作要求、__________、组织结构等，是由管理人员控制的。因此，通过对他们进行调整和改变，可以某种程度上减轻员工的__________。

4. 压力来源的因素包括环境因素、组织因素和__________。

5. 挫折容忍力俗称__________，是指一个人在遭遇挫折时，能够摆脱其困扰而保持适应、保护自己心理__________的能力。

6. 体力疲劳是指由于__________持久、重复地收缩而使能量减弱，因此工作能力降低以至于消失的现象。

7. 挫折产生的原因是多方面的，导致饭店从业人员产生挫折感的原因归纳起来大致有客观环境和__________两大类。

8. 情绪状态是指在一定的心理活动影响下，人在一定时间里表现出的某种__________，根据情绪状态的强度、持续时间，可分为__________、__________和__________。

9. 饭店应经常开展一些集体活动，让所有员工融入__________中来，创建一个和谐的大家庭，让每个服务人员都有一种强烈的__________。

10. 所谓__________，是指反映人在劳动过程中疏于能量消耗而引起的机体的生理变化。也就是在连续劳动一段时间以后，劳动者自感不适和劳累，从而使__________减退的现象。

## 三、选择题

1. 一般来说，可以将疲劳分为生理疲劳和（　　）两种。

A. 体力疲劳　　B. 脑力疲劳　　C. 身体疲劳　　D. 心理疲劳

2. 个体应对压力的方法不包括（　　）。

A. 加强时间管理　　B. 增加体育锻炼

C. 减少社会交际　　D. 进行放松活动

3. （　　）是指因用脑过度而使大脑神经活动处于抑制状态的现象。

A. 体力疲劳　　B. 脑力疲劳　　C. 身体疲劳　　D. 心理疲劳

4. 心情的好坏，常常是由某个具体而直接的原因造成的，它所带来的愉快或不愉快会保持一个较长的时段，并且把这种情绪带入工作、学习和生活中，影响人的感知、思维和记忆。以上描述属于（　　）的情绪状态。

A. 心境　　B. 激情　　C. 热情　　D. 应激

5. 压力感的心理反应主要表现为不满意、紧张、焦虑、易怒、情绪低落等。（　　）是压力感的最简单、最明显的表现。

A. 紧张　　B. 不满意　　C. 易怒　　D. 情绪低落

6. （　　）是一种迅速强烈地爆发而时间短暂的情绪，如狂欢、暴怒、痛哭等。

A. 心境　　B. 激情　　C. 热情　　D. 应激

7. （　　）是在出乎意料的紧张与危急状况下出现的情绪状态，是人对意外的环境刺激作出的适应性反应。

A. 心境　　B. 激情　　C. 热情　　D. 应激

8. 在同样的环境与组织中，不同个体感受到的压力水平是不同的，这与个体的差异有关，以下选项中，（　　）不属于影响个体差异的因素。

A. 态度　　B. 工作经验　　C. 认知水平　　D. 家庭收入

9. 运用思维、情绪等心理因素的作用对自己进行良好的心理暗示，使大脑产生美好的想象，抑制大脑的紧张状况的重要方法是（　　）。

A. 使工作内容丰富化　　B. 改变工作环境

C. 休息　　D. 自我心理训练

10. 注意力不集中、思想紧张、思维迟缓、情绪低落和行动吃力，更主要的是情绪浮躁、厌烦、忧虑、怠倦、无聊等现象，是（　　）的表现。

A. 体力疲劳　　B. 脑力疲劳　　C. 身体疲劳　　D. 心理疲劳

## 四、判断题

1. 体力疲劳和脑力疲劳之间基本没有影响。　　（　　）

2. 引发挫折的心理因素更为复杂，可能由于自我评价过高，导致自不量力或畏缩不前，造成挫折。　　（　　）

3. “如果我是他，可能我也会这样”从而淡化和控制自己的愤怒、委屈情绪，这是转移注意力的体现。　　（　　）

4. 不同的人遇到挫折后的反应各不相同，有的人能向挫折挑战，百折不挠，有的人却

一蹶不振，心灰意冷，情绪消沉，这反映了挫折容忍力的高与低。（　　）

5. 心理疲劳由于积极情绪的不良作用而影响神经活动的协调性，使反应迟钝、记忆衰退、动作准确性下降、感知灵敏度减弱、创造思维丧失，其他心理机能也发生变化。（　　）

6. 不论是体力疲劳还是脑力疲劳，都会影响人的身心健康和工作效率。（　　）

7. 挫折对人有利有弊，如果挫折过大，可能使人们产生情绪波动和行为偏差，甚至引起种种疾病。（　　）

8. 只有在和谐的人际关系环境中，才能杜绝饭店内部小团体、小帮派的形成，同事之间在工作上互相支持、互相帮助，在生活上彼此照顾，领导关心下属，下级支持领导工作。（　　）

9. 饭店员工可参与管理和制定规划，使员工的本职工作与企业联系在一起，让员工有更多机会发挥自己的聪明才智。（　　）

10. 工作是消除疲劳的重要措施。（　　）

## 五、简答题

1. 如何提升挫折容忍力？

2. 简述挫折产生的客观环境因素。

3. 饭店服务人员应该如何保持良好的情绪状态？

4. 消除疲劳常用的措施有哪些?

## 六、案例分析题

年底是婚宴高峰期，最近某饭店一直是婚宴密集不断。餐饮部何经理却在最近收到不少来自餐饮服务的投诉，内容包括服务人员的态度、菜肴的质量、婚宴进行中的一些程序和后续服务等。何经理从宴会主管那里了解到，原来是最近人手比较紧张，年末还有几个外地的员工辞职回家过年。虽然服务人员和厨师都高速运转，仍然很难达到要求。加上连轴转的婚宴使员工疲惫不堪，压力太大，于是产生了消极情绪，导致服务质量下降。

1. 何经理应该如何解决员工面临的压力，使饭店恢复高水平的服务质量?

2. 如果你面对这样的工作压力，你可以运用什么方法好好管理压力呢?

## 七、实践题

1. 以小组为单位，每组成员轮流向全体组员分享一次印象深刻的挫折经历，并且告知应对挫折时的措施和心理感受。

2. 以一个小组为单位，其他组员试图激怒某一位同学，测试其情绪调控能力。相互交流在日常生活中，当遇到情绪波动时，自己是如何调节的。

3. 对客模拟训练。

（1）当顾客紧张时，饭店服务人员应如何安抚顾客？

（2）当顾客急躁时，饭店服务人员应如何面对顾客？

（3）当顾客情绪激动、怒容满面时，饭店服务人员如何应对顾客？